Collection des Œuvres complètes de
Duclos

1.er Septembre 1820

NOTICE

SUR DUCLOS.

Duclos avoit entrepris d'écrire les *Mémoires* de sa vie.
Ce travail, commencé peu de temps avant sa mort, n'a pas
été achevé : il ne contient que l'histoire de son enfance et de
sa première jeunesse. Ce précieux fragment, dont on ignoroit
l'existence, est placé au commencement du dixième et dernier volume de cette collection. Nous y renvoyons le lecteur, pour tout ce qui concerne Duclos jusqu'à son entrée
dans le monde. Pourquoi faut-il qu'il n'ait pas eu le temps
de tracer lui-même le période le plus long et le plus important de sa vie, celui où répandu dans la meilleure société et
jouant un grand rôle dans la littérature, il avoit des relations
journalières et intimes avec les personnages du dernier siècle les plus distingués par la naissance, l'esprit ou les talens ? Avec quel intérêt n'auroit-on pas parcouru cette vaste
galerie de portraits, faits par un peintre dont le coup d'œil
étoit si juste et si pénétrant, le pinceau si ferme et si vrai,
la manière si franche et si originale ! Avec toute la liberté
du genre, toute celle de sa plume et de son caractère, que
d'anecdotes curieuses, que de réflexions piquantes l'historien
des mœurs du dix-huitième siècle n'auroit-il pas semées dans
une pareille narration ! Ce que nous en avons, procure un
trop grand plaisir pour ne pas causer aussi de grands regrets.

Nous n'avons certainement point la prétention de continuer les *Mémoires* de Duclos ; mais il nous paroît convenable de donner quelques détails sur sa vie, son caractère et
ses écrits, à la tête de l'édition complète de ses œuvres.
Nous pouvons affirmer qu'à défaut de tout autre mérite, notre notice aura du moins celui de ne contenir que des faits
de la plus exacte vérité. Ils nous ont tous été fournis ou confirmés par un homme respectable qui a été, pendant plus
de quarante ans, l'ami intime de Duclos, qui l'a vu mourir
dans ses bras, qui a été le dépositaire et l'exécuteur de ses

dernières volontés, et qui nous a permis de le prendre à témoin de la fidélité du récit qu'on va lire (*).

Nous commençons ce récit où Duclos a laissé le sien, c'est-
à-dire à l'époque où, son honnêteté naturelle l'emportant sur
l'ardeur de ses sens, il s'éloigna sans retour de certains personnages encore moins délicats sur l'article des devoirs que
sur celui des plaisirs, pour se procurer des sociétés et des
jouissances plus choisies. Son goût pour la littérature, entre-
tenu jusque-là par des lectures assez suivies, lui fit recher-
cher la fréquentation des beaux-esprits et des savans qui
brillioient alors, tels que La Motte, Saurin, Maupertuis, Fréret,
Terrasson, Du Marsais. Boindin, La Faye et autres. Mais
il ne les voyoit guère que dans les lieux publics et notamment dans deux cafés célèbres entre lesquels ils se parta-
geoient. Il se lia plus étroitement avec quelques jeunes gens,
de familles nobles, amis des lettres qu'ils n'osoient cultiver
ouvertement, mais partisans très-déclarés du plaisir. Telle
étoit la société de MM. de Maurepas, de Pont-de-Veyle,
de Caylus, de Surgéres, de Voisenon, etc. Ces messieurs
avoient admis à leurs réunions un petit nombre d'autres
jeunes gens, de familles bourgeoises, qui devoient un jour figurer plus ou moins honorablement dans la littérature, et
parmi lesquels on distinguoit alors, à cause de leur gaîté,
Collé et Crébillon fils. On faisoit des couplets qui couroient
la ville; des parades qui se jouoient dans les sallons et quelquefois même *en plein vent;* enfin de petits écrits en prose,
presque toujours plus libres que plaisans, dont on donnoit
la collection au public. *Le Recueil de ces Messieurs* est un
des ouvrages de cette société, qui en a composé beaucoup
d'autres du même genre. Ce *Recueil* est terminé par une critique des différens opuscules qu'il renferme, et cette critique
est attribuée à Duclos, dont on y reconnoît tout à fait la tournure
d'idées et d'expressions. Sans vouloir lui faire un honneur
dont il peut très-bien se passer, nous dirons que ce morceau

(*) Cet ami intime de Duclos est M. Abeille, autrefois inspec-
teur général des manufactures de France, maintenant membre du
conseil général de commerce établi près du ministère de l'inté-
rieur. Il est auteur d'un grand nombre d'écrits sur l'administration
commerciale, qui, composés d'après la demande des ministres,
sont restés ensevelis dans leurs archives. Il n'a manqué à M. Abeille, pour avoir une grande fortune et une grande réputation, que
moins de désintéressement et de modestie.

est sans contredit le meilleur du volume, qui n'est guère qu'un ramas de sottises et de gravelures. On aura peine à concevoir comment Duclos, d'un esprit sage et réglé dans ses écrits, pouvoit prendre quelque goût à ces ridicules productions que d'Alembert appelle justement *une crapule plutôt qu'une débauche d'esprit.* Mais il étoit jeune alors, naturellement gai, comme l'attestent ceux de ses ouvrages où la gravité n'est pas de rigueur; enfin il n'étoit point de ceux qui se rendent difficiles sur la manière de s'amuser (*).

Il paya assez cher le plaisir qu'il put trouver dans la société de *ces messieurs.* Ceux-ci, comme nous l'avons déjà fait entendre, auroient cru déroger aux bienséances du rang, s'ils eussent donné des ouvrages au public sous leur nom. Mais l'amour-propre littéraire, d'autant plus vif en eux qu'il étoit plus gêné par ces prétendues convenances, imaginoit toutes sortes d'expédiens pour se satisfaire. Ils commandoient à quelques écrivains qui avoient plus de talent que de fortune et de réputation, des romans et sur-tout des pièces de théâtre, qu'ils ne corrigeoient point assez pour les gâter tout à fait, mais auxquels ils faisoient assez de changemens pour que la vanité finît par leur persuader à eux-mêmes que l'ouvrage tenoit d'eux tout ce qu'il avoit de bon, et qu'en conséquence ils en étoient les véritables auteurs. Celui qui l'étoit réellement, payé de son travail avec plus ou moins de générosité et de délicatesse, n'osoit les démentir; l'ouvrage se donnoit anonyme; en cas de succès, on répandoit discrètement le bruit qu'il étoit d'un grand seigneur dont on ne confioit le nom qu'à l'amitié, et qui vouloit rester inconnu; et le secret étoit recommandé tant de fois, que la chose devenoit entièrement publique. Tel étoit le manége qu'on employoit ordinairement; mais Duclos n'étoit pas homme à s'y prêter : on s'y prit avec lui d'une autre manière. Soit qu'il ne connût pas encore ses forces, soit qu'il fût entraîné par l'exemple de la frivolité, soit enfin qu'il crût devoir préluder, par des compositions légères, à des ouvrages plus graves, Duclos avoit fait successivement trois romans : la

(*) Un exemple prouvera avec quelle facilité il se laissoit aller à un genre de gaîté qui n'étoit pas tout à fait le sien. Collé avoit fait une parade fort plaisante, intitulée, à ce que nous croyons, *Léandre Hongre.* Duclos, voulant exprimer son admiration pour ce chef-d'œuvre, dit à Collé, en style même de tréteaux : *Léandre Hongre est le Cidre de la parade, et tu en es la Corneille.*

Baronne de Luz, les *Confessions du comte de* ***, et
Acajou. Ce dernier, comme on sait, étoit une espèce de pa-
ri ; M. le comte de Tessin, ministre de Suède en France,
et qui étoit à Paris de la société de *ces messieurs*, avoit composé
un petit roman de féerie intitulé : *Jaunillane* ou l'*Infante
jaune*, et il avoit fait graver, d'après les dessins de Boucher, une douzaine d'estampes pour en décorer les exem-
plaires quand il seroit imprimé. Rappelé en Suède pour y
être ministre d'état et gouverneur du prince royal, il em-
porta son manuscrit, et laissa les dessins et les planches à
Boucher qui les montra à Duclos pour savoir ce qu'il en
pourroit faire. MM. de Caylus, de Surgères, de Voisenon
et autres, virent aussi ces estampes dont les sujets étoient
bizarres et inintelligibles ; on les regarda comme une espèce
de problème dont il seroit piquant de trouver la solution.
Chacun s'évertua à composer un conte dont les différentes
situations pussent convenir aux gravures et les expliquer.
Il y en eut quatre de faits ainsi : un par M. de Caylus, un
par Duclos et deux par l'abbé de Voisenon. Celui de Duclos est le seul qui ait été connu du public : *Acajou* parut
en 1744, avec les gravures, et la même année Favart le mit
en opéra-comique (*). MM. de Caylus, de Voisenon et Duclos, ayant travaillé d'après la même donnée, bien que séparément et d'une manière différente, on en induisit apparemment que les deux premiers avoient contribué à l'ouvrage du troisième, ou même l'avoient fait en entier. On en
avoit déjà dit autant, quoiqu'avec bien moins de vraisem-
blance encore, de *la Baronne de Luz* et des *Confessions
du comte de* ***. On peut supposer, sans trop de malignité, que, si ceux à qui ces bruits profitoient n'en étoient pas
les premiers auteurs, du moins ils ne faisoient pas d'efforts
pour les détruire, ou n'en faisoient que de manière à les for-
tifier. Tout le monde sait que l'abbé de Voisenon se laissoit
attribuer les plus jolis ouvrages de Favart, auxquels les siens
prouvent qu'il n'a pas eu la moindre part ; on sait encore
que M. de Caylus mettoit sans cesse à contribution la plume
de plusieurs gens de lettres et savans qui l'entouroient ; et
Collé, dans un manuscrit que nous avons sous les yeux, nous
apprend que M. de Pont-de-Veyle, quoique mieux partagé

(*) On a donné, en 1759, une imitation d'*Acajou*, intitulée
Les Têtes folles, qui passe pour une bagatelle assez ingénieuse.

peut-être que les deux autres du côté du vrai talent, ne se
faisoit point scrupule de prendre à son compte des comédies
dont un nommé Sallé étoit l'auteur. De quelque manière que
ces messieurs se soient comportés envers Duclos, qu'ils se
soient sourdement attribué ses écrits, ou qu'ils aient sim-
plement permis que le public leur en fît honneur, il n'en est
pas moins constant qu'on disputa long-temps à Duclos
ses productions ; que Fréron, répondant à son *Épitre dédi-
catoire d'Acajou,* au nom du public à qui elle étoit adres-
sée, donna fort clairement à entendre qu'il n'étoit que le
prête-nom de ses ouvrages (*) ; et qu'encore après sa mort,
ce même Fréron inséra dans sa feuille un article tiré d'une
gazette de Hollande, dans lequel on faisoit connoître les véritables auteurs des livres publiés sous son nom (**). Afin de
rendre cette révélation plus piquante, on ne se bornoit pas
à restituer en entier à une seule personne, chacun des romans qui avoient passé pour être de lui ; on nommoit plusieurs coopérateurs pour un même ouvrage ; on désignoit
exactement le contingent que chacun d'eux y avoit fourni ;
et, pour que rien ne manquât à la singularité du fait, on
faisoit entrer jusqu'à des femmes dans ces charitables asso-
ciations dont le but étoit de mettre en réputation Duclos *à
qui l'on vouloit du bien.* Tous ces détails avoient été com-
muniqués à l'auteur de l'article par un homme d'esprit *qui
les tenoit des auteurs eux-mêmes.* Ce que ceux-ci n'avoient
pas revendiqué, pouvoit bien être de Duclos ; on consentoit
à le lui laisser. Quant à l'*Histoire de Louis XI,* elle n'é-
toit que la réduction de celle que M. l'abbé Legrand, commis des affaires étrangères, avoit composée autrefois et
laissée en manuscrit à sa famille. Restoient les *Considérations sur les Mœurs* et les *Mémoires pour servir à l'histoire du dix-huitième siècle.* Ces ouvrages appartenoient
réellement à Duclos ; mais ils étoient si inférieurs aux premiers, qu'il en demeuroit d'autant mieux prouvé qu'il n'é-
toit que le père putatif de ceux-ci.

Nous avons rapporté ces absurdités parce qu'elles tien-
nent à l'histoire de Duclos et de ses ouvrages ; mais nous
croyons presque inutile de les réfuter. Du vivant de l'hom-

(*) Opuscules de M. F.... (Fréron), tom. I.er, pag. 66 et suiv.
(**) *Année littéraire* de 1775, n.º 5, lettre XV, pag. 339 et
suiv.

me, la sottise crédule et maligne a pu accueillir avec com-
plaisance ces contes ridicules forgés par l'envie; mais l'envie laisse-là sa victime dès qu'elle n'existe plus, et la sottise
qui n'est presque jamais qu'un écho, cesse de répéter ce
qu'on cesse de dire. Il y a trente-quatre ans que Duclos est
mort; il n'en coûte plus de lui rendre justice, et chacun aujourd'hui se dira avec nous : Duclos a prouvé, par toute sa
vie, qu'il étoit incapable de l'espèce de platitude qu'on lui
impute; son amour-propre eût suffi pour l'en garantir. Les
personnes qui composoient, dit-on, les livres qu'il publioit
sous son nom, ne composoient seulement pas ceux qu'ils
donnoient sous le leur; et quelques écrits réellement sortis
de leurs plumes, témoignent à la fois et qu'on faisoit leurs
ouvrages, et qu'ils ne faisoient pas ceux des autres. Quant à
Duclos, tous ses écrits, comparés entre eux, offrent cet accord singulier d'idées, de style et de ton qui existoit entre
ses écrits et sa conversation. C'est dans tous la manière vive
et concise d'un moraliste ingénieux, accoutumé à convertir
ses observations en résultats, et à présenter ceux-ci sous
cette forme de saillie et de trait qui donne à des réflexions
générales le piquant d'une épigramme personnelle. Cette
identité, déjà si frappante dans la façon de voir et de mon-
trer les objets, l'est encore bien davantage dans le mécanis-
me de la diction et l'arrangement même des mots. Elle a
été poussée au point qu'elle n'a échappé à aucune classe de
lecteurs, et est devenue la matière d'un reproche assez fon-
dé. Mais il faut être conséquent : si l'on veut blâmer Duclos d'avoir tout écrit du même style, on doit lui accorder
que tous ses ouvrages sont de lui.

En 1739, Duclos fut reçu à l'académie des inscriptions
et belles-lettres. Il n'avoit alors que trente-quatre ans, et
n'avoit encore publié aucun écrit, puisque la *Baronne de
Luz*, qui est son premier ouvrage connu, a été imprimée,
pour la première fois, en 1741. On peut être surpris que
cette compagnie si distinguée ait ouvert ses portes à un
homme qui n'avoit point fait ses preuves publiques. Cela
ne peut s'expliquer que par la haute réputation d'esprit et
de savoir qu'il s'étoit faite dans la société, et que firent va-
loir sans doute les grands seigneurs et les gens de lettres
avec qui il étoit lié.

En 1747, l'académie françoise l'adopta en remplacement

de M. l'abbé Mongault; mais alors il avoit fait cette même *Baronne de Luz*, les *Confessions du comte de* ***, *Acajou et Zirphile*, l'*Histoire de Louis XI*, et plusieurs *Mémoires* lus à l'académie des inscriptions. En 1755, Mirabaud, le traducteur du Tasse et de l'Arioste, se voyant forcé, par son grand âge, de donner sa démission de la place de secrétaire perpétuel de l'académie françoise, désira Duclos pour successeur. Duclos fut élu; mais il n'accepta qu'à condition que Mirabaud conserveroit, jusqu'à sa mort, le logement au Louvre et la pension qu'on lui avoit accordés pour le dédommager du double droit de présence qu'il avoit refusé de recevoir comme secrétaire.

En 1744, Duclos avoit reçu une distinction qui, pour un homme de son caractère, n'étoit sûrement pas moins flatteuse que tous les honneurs littéraires. Les habitans de Dinant, ses concitoyens, l'avoient nommé maire de leur ville, quoiqu'il eût fixé sa résidence à Paris. Quatre ans après, il fut, en cette qualité, député par le tiers-état aux états de Bretagne, et il s'acquitta de sa commission de la manière la plus distinguée. En 1750, il se démit de la charge de maire de Dinant; et la même année, en considération de son *Histoire de Louis XI*, le roi lui donna la place d'historiographe de France, vacante par la retraite de Voltaire en Prusse (*), et lui accorda les entrées de sa chambre. Ce même livre qui lui valoit alors un emploi et des honneurs, avoit été vivement censuré, à sa naissance, par un arrêt du conseil, comme *contenant plusieurs endroits contraires, non-seulement aux droits de la couronne sur différentes provinces du royaume, mais au respect avec lequel on doit parler de ce qui regarde la religion ou les règles des mœurs, et la conduite des principaux ministres de l'église.* Cet arrêt, qui est du 28 mars 1745, fait *très-expresses inhibitions et défenses* de réimprimer l'ouvrage avant que ces endroits aient été corrigés. Nous ne savons pas si Duclos a besoin d'être justifié sur la liberté avec laquelle il écrivit l'*Histoire de Louis XI*,

____

(*) Cette place valoit deux mille livres. La vérité nous oblige à dire que Duclos l'obtint par le crédit de madame de Pompadour, et que dans le temps on trouva injuste que M. de Foncemagne, qui la lui disputoit, ne lui eût pas été préféré. Collé, qui faisoit profession d'amitié et d'estime pour Duclos, rapporte ce fait dans son *Journal historique*, pag. 297.

et nous ne l'essaîrons pas. Nous nous bornerons à dire qu'il ne fit point les corrections exigées par l'arrêt du conseil (*), et que le gouvernement ne lui en sut pas plus mauvais gré, puisque, comme nous venons de le dire, ce même ouvrage le fit nommer historiographe de France, et qu'en 1755 il fut anobli sur la désignation et d'après le vœu unanime des états de Bretagne. Les lettres patentes rappellent également ses services politiques et ses succès littéraires (**).

Les véritables gens de lettres sont sédentaires par état, et presque toujours étrangers par goût aux affaires publiques. Le plus souvent leur histoire n'est que celle de leurs travaux et de quelques relations peu importantes, soit avec les autres gens de lettres, soit avec les gens du monde. De telles particularités peuvent prendre de l'intérêt sous leur plume, mais elles n'en ont point sous la plume d'un autre, fût-il beaucoup mieux informé qu'il ne peut ordinairement l'être. Aussi le cours assez long de la vie de Duclos ne nous offriroit-il plus rien à dire, si, par suite des plus nobles sentimens, il ne se fût trouvé comme engagé dans une affaire d'état dont il faillit d'être victime. On sait jusqu'à quel point les Bretons en général portent l'amour de leur pays et de leurs compatriotes. Autant qu'aucun d'eux, Duclos ressentit cette louable affection. Dès sa première jeunesse, il s'étoit lié étroitement avec M. de La Chalotais; et les voyages qu'il faisoit de temps en temps à Rennes com-

(*) Nous en avons la preuve dans une *dénonciation à l'académie françoise*, où sont relevés plusieurs passages prétendus répréhensibles dans le sens de l'arrêt du conseil, passages qui se trouvent tous et en entier dans les dernières, comme dans les premières éditions de l'*Histoire de Louis XI*. L'auteur de ce pamphlet, qui n'est point *d'un état qui lui permette d'aspirer à l'honneur d'être de l'académie*, traite Duclos d'*ignorant*, qui n'est *ni bon chrétien*, *ni bon François*, et dont le style est *bien éloigné de la pureté académique*.

(**) C'est sans doute en vertu de cet anoblissement que plusieurs personnes, et notamment un des derniers éditeurs des *Considérations sur les Mœurs*, ont partagé en deux le nom de Duclos, faisant de la première syllabe de ce nom la particule nobiliaire *du*. Nous sommes certains que Duclos n'autorisa point ce changement par son exemple. Nous profitons de cette occasion pour dire qu'il se nommoit Charles Duclos Pinot, et non point *Dineau*, comme presque tous les biographes l'ont écrit, et qu'il étoit fils d'un fabricant de chapeaux, ce que lui-même ne dit pas dans ses *Mémoires*.

me député aux états, resserroient de plus en plus les liens de cette amitié. Le duc d'Aiguillon fut nommé commandant en chef pour le roi dans la province de Bretagne. Dès son arrivée, il conçut pour M. de La Chalotais, alors procureur général du parlement de Rennes, une haine des plus violentes. Les causes en sont si misérables qu'on refuseroit de les croire si nous les rapportions. Une circonstance bien connue vint mettre le comble à cette inimitié. En 1750, les Anglois firent une descente sur les côtes de Bretagne; la noblesse du pays les repoussa avec un courage qui lui fit beaucoup d'honneur. Le duc d'Aiguillon se tint, dit-on, renfermé dans un moulin pendant l'action, et nombre de gens prétendent que M. de La Chalotais dit à ce sujet : *Notre commandant s'est plus couvert de farine que de gloire.* Le propos, vrai ou faux, fut rapporté, et M. d'Aiguillon n'attendit plus que l'occasion de se venger. Elle se présenta, ou plutôt l'homme offensé et puissant la fit naître. Les détails de cette malheureuse affaire sont à la connoissance de tout le monde; et d'ailleurs ils ne sont point de notre sujet : nons n'en rappellerons que ce qui a directement rapport à Duclos. M. de La Chalotais fut exilé à Saintes. M. le duc de Duras qui avoit remplacé M. d'Aiguillon dans le commandement de la Bretagne, et qui portoit à M. de La Chalotais un intérêt où il entroit peut-être un peu de haine et de mépris pour son prédécesseur, fut chargé par la cour de faire tout ce qui seroit en son pouvoir pour appaiser la querelle. Il engagea donc Duclos à se rendre auprès du magistrat exilé, afin d'obtenir de lui qu'il sacrifiât certains Mémoires dont on savoit qu'il étoit occupé. M. de Duras fit les frais de ce voyage, que Duclos, qui connoissoit le courage opiniâtre de son ami, entreprit sans espoir de réussir dans sa négociation, et peut-être avec le secret désir d'y échouer. Il trouva M. de La Chalotais inébranlable comme il s'y étoit attendu, et bientôt après il revint à Paris (*). Cependant la persécution s'accrut : la perte

(*) C'est à tort que M. de La Harpe dit dans son *Cours de littérature*, tom. XV, pag. 273 et 274, que *Duclos fut envoyé en Bretagne par le gouvernement, pour tempérer les fougues tout au moins indiscrètes de ce pétulant parlementaire* (M. de La Chalotais), *et ouvrir la voie à l'indulgence que l'on vouloit avoir pour lui.* Ce n'est point *par l'ordre du gouvernement*, mais d'après l'invitation particulière de M. de Duras que Duclos fit ce voya-

de M. de La Chalotais étoit jurée. Il fut enfermé dans la citadelle de St.-Malo, et des commissaires furent nommés pour lui faire son procès. Duclos, habitué à s'exprimer librement sur tout ce qui paroissoit blesser l'ordre et l'équité, ne rabattit rien de sa franchise dans une occasion où la qualité d'ami lui en faisoit un devoir, en même temps qu'elle en augmentoit le danger. Quoiqu'il fût plus observé que de coutume, il s'expliquoit hautement et presque en public sur cette procédure inouie, où toutes les formes étoient violées, où l'on voyoit un chef de la justice traduit devant une commission, espèce de tribunal institué, non point pour juger, mais pour condamner, et qui ne s'acquitte ordinairement que trop bien de son odieux devoir. Calonne, l'un des commissaires, venoit de faire paroître un rapport contre l'accusé : on le vendoit aux Tuileries un dimanche, quoique la consigne de ce jardin fût alors très-sévère, et qu'il fût défendu d'y faire aucun commerce. Duclos s'y promenoit ce jour-là. Un de ses amis indigné vint lui dire : *Le croiriez-vous ? Ici, aux Tuileries, en plein jour, voilà cet infâme rapport qui se vend !.... Comme le juge*, répondit Duclos. Ses sarcasmes étoient d'autant plus redoutables pour les oppresseurs de M. de La Chalotais, qu'ils étoient plus spirituels et répétés par plus de bouches. On auroit bien voulu arrêter cette circulation de bons mots, en en mettant l'auteur à la Bastille; mais la mesure n'eût peut-être pas été sans danger à l'égard d'un homme aussi répandu, aussi considéré, et dans un temps où les esprits étoient déjà révoltés de la conduite qu'on tenoit envers le procureur général du parlement de Rennes. Duclos étoit allé passer quelque temps en Bretagne : on se contenta de le rappeler à Paris, où sa présence étoit encore moins inquiétante que dans cette province, principal foyer du trouble qu'on vouloit étouffer. Ses amis, et entre autres M. de Duras, craignant qu'on ne poussât plus loin les précautions contre lui, lui conseillèrent de s'éloigner pour quelque temps de la France. Il avoit toujours

ge; il n'alla point *en Bretagne*, mais à Saintes. Nous ne relevons que les erreurs de fait. Quant au ton inconsidéré et dénigrant avec lequel M. de La Harpe parle d'un homme qui a excité l'intérêt et l'admiration de toute la France, par ses malheurs et son courage; un homme de lettres, compatriote de Duclos et de M. de La Chalotais, a déjà pris soin d'en venger la mémoire de celui-ci. (Voyez la *Revue littéraire*, troisième trimestre de l'an XIII, pag. 543).

eu envie de voir l'Italie. Il partit pour ce beau pays, le
16 mars 1766, et il en étoit revenu le 17 juin 1767. Ce
voyage nous a valu un ouvrage charmant dont nous parlerons en son lieu (*).

Duclos avoit reçu, pendant son retour, la nouvelle de la
mort de sa mère (**). Il ne lui survécut que cinq ans : il
mourut à Paris le 26 mars 1772, âgé de soixante-huit ans,
un mois et quatorze jours, étant né le 12 février 1704. Il
fut peu de jours alité ; un journaliste dit dans le temps :
« A la faveur de la brièveté de sa maladie, il s'est échappé
» de ce monde sans bruit et sans scandale ». Cette phrase,
que quelques gens ont trouvée bonne puisqu'ils l'ont répétée, n'est qu'une espèce de saillie sans vérité. Il sembleroit
que Duclos s'est dépêché de mourir pour éluder les formalités religieuses. Ce qui est moins plaisant, mais plus vrai,
c'est qu'il vit son curé, s'entretint avec lui et se soumit à ce
qu'exigeoit l'église (***). M. l'abbé de Vauxcelles, dans les notes dont nous avons déjà parlé, prétend que Duclos *s'échappa,
comme il put, vers l'autre monde* (car il se sert aussi de
la phrase), *persuadé qu'il n'y avoit qu'un purgatoire;* et
il ajoute que Duclos lui dit à ce sujet : *Mon* credo *s'est accru ; mais je n'admets pas encore un enfer.* Nous ignorons
s'il se rendit sur ce dernier point, *et ce sont des secrets entre le ciel et lui;* mais ce qu'on sait mieux, et ce qu'humai-

---

(*) M. l'abbé Bourlet de Vauxcelles, dans des notes qu'il a écrites
à la marge d'un exemplaire des *Mémoires Secrets*, que nous avons
entre les mains, dit : « Pour le punir d'avoir trop parlé dans l'affaire
» de La Chalotais, on s'amusa à lui *faire peur*, et il *s'enfuit* jus-
» qu'en Italie. Il fut très-bien traité par le cardinal de Bernis ; mais
» les Romains ne lui pardonnoient pas de ne les avoir jamais voulu
» appeler que les *Italiens de Rome*, pour ne les pas confondre
» avec le *populum latè regem* ». Il y a beaucoup de malignité
dans cette manière de présenter les faits. D'abord il n'étoit pas très-
facile de *faire peur* à Duclos ; et puis pourquoi appeler *fuite* un
voyage que ses amis et la prudence lui conseilloient, et auquel son
inclination le portoit ? Nous aurons encore occasion plus d'une fois
de redresser les erreurs de fait et les torts d'opinion de M. de Vauxcelles envers Duclos, à qui pourtant il avoit fait une cour très-as-
sidue. -

(**) Elle est morte en 1767, dans sa cent deuxième année.

(***) M. Chapeau, curé de St.-Germain-l'Auxerrois, sortant d'u-
ne longue et dernière conférence avec Duclos, dit à M. Abeille : *Je
suis content.*

nement parlant, il est plus curieux de savoir, c'est la desti-
nation qu'il donna en mourant au bien qu'il avoit amassé
par son talent et son économie. Duclos avoit, en emplois
littéraires, en pensions et en rentes, un revenu d'environ
trente mille livres, et il sembloit n'en dépenser qu'une très-
foible partie. Il mangeoit presque toujours en ville, et son
habillement étoit simple jusqu'à la négligence. Sur ces seules apparences, on crut qu'il étoit avare, et, après sa mort,
le bruit se répandit qu'il laissoit une fortune considérable :
les plus modérés dirent trois cent mille francs ; l'abbé de
Vauxcelles va jusqu'à cinq cent mille. Cette dernière esti-
mation est fort exagérée. Nous avons eu entre les mains les
comptes de l'exécution testamentaire : la succession de Duclos montoit à deux cent soixante mille francs, dont près de
cinquante mille francs en or trouvés dans son secrétaire, et
qu'il tenoit en réserve, avoit-il dit, pour le cas où il seroit
obligé, non plus d'aller faire un voyage en pays étranger,
mais de s'y fixer tout à fait. Qu'étoit donc devenue une partie des fruits de cette longue parcimonie? on l'ignoroit. Il
n'avoit dit son secret à personne pendant sa vie, et il n'en
laissoit aucune trace écrite après sa mort. La reconnoissance
révéla ce qu'avoit tu sa délicatesse. On sut de plusieurs cô-
tés à la fois qu'il avoit fait nombre de bonnes actions ca-
chées. Un M. de Laissac, lieutenant au régiment de Limo-
sin, témoin de l'affliction profonde et universelle que sa
mort répandoit dans la ville de Dinant, en apprit les causes et les fit connoître à d'Alembert. « On feroit un long
» détail, lui écrivoit-il, de tous les services publics et par-
» ticuliers que M. Duclos a rendus à sa patrie; des grâces
» qu'il a obtenues pour plusieurs de ses compatriotes; des
» pensions qu'il a fait avoir à d'anciens militaires ; des jeu-
» nes gens qu'il a placés ou *soutenus; des nombreuses au-*
» *mônes qu'il a répandues. Il envoyoit, régulièrement*
» *chaque année, une certaine somme pour être distribuée*
» *aux pauvres de cette ville ; et dans les années où la misère*
» *publique s'est fait sentir davantage, il a doublé cette som-*
» *me.* Enfin son zèle et sa bienfaisance à l'égard de ses con-
» citoyens étoient inépuisables. Quand il alloit à Dinant,
» c'étoit une allégresse publique, et sa mort y a causé un
» deuil général ».
Duclos institua son légataire universel M. de Noual, son

neveu à la mode de Bretagne. M. de Vauxcelles rapporte que quelqu'un à qui il lut son testament (*), s'étonna de ce qu'il avoit préféré à ses autres héritiers ce M. de Noual qui avoit le moins d'esprit de tous, et même en manquoit absolument : *Pourquoi*, lui dit cet ami, *n'avez-vous pas choisi M.* *** *qui est votre parent aussi proche? C'est un homme d'esprit*, répondit Duclos, *qui mangeroit la succession*. Cette préférence donnée à un sot pour conserver la succession, paroît à M. de Vauxcelles un trait assez bizarre. Duclos n'a point dit la véritable raison : il s'est tiré d'embarras, comme il a pu, par une saillie en effet un peu étrange, parce que l'honneur lui interdisoit de faire connoître le motif de prédilection très-particulier qui lui avoit fait nommer M. de Noual héritier de tous ses biens. Dans l'ordre de la nature, rien n'étoit plus juste que sa conduite. Nous n'en pouvons pas dire davantage.

Le caractère de Duclos étoit tout à la fois singulier et estimable. Comme, à ce double titre, il ne peut manquer d'intéresser nos lecteurs, nous allons le leur faire examiner avec quelque détail. On a déjà vu qu'il poussoit le courage de l'amitié jusqu'à l'imprudence, et que, presqu'avare de son bien pour lui-même, il en étoit prodigue envers les autres. De semblables qualités ne vont jamais seules : elles prouvent une belle âme et un bon cœur qui sont la source de nos plus nobles vertus. Duclos eut, toutes celles d'un honnête homme ; il n'y mêla aucun vice ; on n'eut à lui reprocher que quelques légers travers.

Nous ne le louerions point de sa probité, s'il ne l'avoit portée à un point qui la rendit célèbre. Le défiant J.-J. Rousseau a dit : « Je dois à Duclos de savoir que la droiture et » la probité peuvent quelquefois s'allier avec la culture des » lettres (**) ». Les exemples n'en sont sûrement pas aussi rares que Rousseau le prétend; mais plus il en restreint le nombre, plus il est honorable d'en faire partie. J.-J. définissoit encore Duclos un homme *droit et adroit*. Il se repen-

(*) Nous avons placé ce testament à la fin du dernier volume de cette collection. Les pièces de ce genre sont rarement piquantes. Celle-ci fait exception. Chaque disposition est, pour ainsi dire, un trait de caractère. Ce testament est une des choses qui font le mieux connoître Duclos.

(**) *Confessions*, liv. VIII, pag. 224, de l'édition de Kehl.

tit peut-être plus d'une fois de n'avoir pas écouté davantage
ce qu'il appeloit sa *sage sévérité.* L'*Émile* étoit sous pres-
se : Duclos en parla à Rousseau. « Je lui lus, dit celui-ci,
» la *Profession de foi du vicaire Savoyard;* il l'écouta
» très-paisiblement, et, ce me semble, avec grand plaisir.
» Il me dit, quand j'eus fini : *Quoi ! citoyen, cela fait
» partie d'un livre qu'on imprime à Paris? Oui,* lui dis-
» je, *et l'on devroit l'imprimer au Louvre par ordre du
» roi. J'en conviens,* me dit-il; *mais faites-moi le plai-
» sir de ne dire à personne que vous m'ayez lu ce mor-
» ceau* (*) ». Duclos eut la sollicitude et la sincérité d'un
ami en avertissant J.-J. des malheurs qu'il alloit s'attirer;
il fut sage en ne voulant pas partager un danger qu'il ne
dépendoit pas de lui d'écarter; il fut généreux en restant
constamment attaché à un homme que les mieux intention-
nés repoussèrent bientôt comme un fou dangereux. Cette
constance d'amitié étonne bien moins de la part de Duclos
que de celle de J.-J. De tous les hommes de lettres avec qui
celui-ci s'étoit lié, Duclos fut le seul pour qui sa tendresse
ne se changea point en haine. Ce n'est pas la seule exception
dont il l'ait honoré : il lui fit sa *première et unique dédicace* (**), celle du *Devin du village.* Duclos y avoit droit à
plus d'un titre : il étoit parvenu, à force de démarches, à
faire jouer cet opéra, et la chaleur qu'il avoit mise à défen-
dre les intérêts de l'auteur, lui avoit presque attiré une affaire d'honneur avec Cury, l'intendant des menus.

La franchise est l'expression de la droiture; elle dégénère
quelquefois en brusquerie et même en rudesse, lorsqu'un homme ayant naturellement l'humeur prompte et un sentiment vif
de l'injuste et du ridicule, n'a pas travaillé ou n'a pas réussi
à réprimer l'une et à émousser l'autre. Tel étoit Duclos :
» Il m'est impossible, a-t-il dit lui-même, de cacher mes
» sentimens, les mouvemens de mon âme. Je l'ai essayé,
» non pour tromper, mais pour me garantir des piéges.

(*) *Confessions*, liv. XI, pag. 289, même édition.

(**) J.-J. s'est servi en effet de ces termes : *Ma première et unique dédicace.* Il en fit pourtant une seconde; celle du *Discours sur
l'origine et les fondemens de l'inégalité parmi les hommes,*
qu'il adressa à la république de Genève; mais il demanda à Duclos
son consentement pour cette seconde dédicace. « Duclos, dit-il, a
» dû se tenir encore plus honoré de cette exception que si je n'en
» avois fait aucune. (*Confessions*, liv. VIII, pag. 248) ».

» J'ai bientôt vu l'inutilité de mes efforts; j'en ai abandon-
» né le projet, et je me suis livré à mon caractère. *Je ne*
» *connois personne plus sincère que moi* ». Ailleurs il
s'accuse d'être emporté et de manquer de politesse. On voit
qu'il s'est rendu justice sur le mal comme sur le bien, et
que sa franchise ne s'exerçoit pas seulement envers les autres. Aussi personne ne l'a révoquée en doute, hors M. de
Vauxcelles qui prétend que *sa brusquerie étoit de comman-*
de, et cite à l'appui de son opinion le propos d'un *homme*
d'esprit, qui appeloit Duclos *le Faux Sincère* du nom d'une
comédie célèbre de Dufresny. Cet *homme d'esprit* qui, de
toute manière, pourroit bien être M. de Vauxcelles lui-même, auroit bien dû dire sur quoi il fondoit cette imputation.
Mais c'est à quoi la malignité songe le moins Cet homme a
une vertu; elle est fausse : un défaut; il est joué. En a-t-on
des preuves? aucune. En inventera-t-on? non ; cela est dangereux ; le mensonge ne doit point donner cette prise sur soi
à la vérité : de plus cela est inutile; les hommes ont trop de
plaisir à croire le mal pour exiger qu'on le leur démontre.
Que faire contre cette tactique perfide? Comment détruire
des allégations vagues qu'on ne sait par où saisir? Nous
l'ignorons; et cette fois le silence tiendra lieu d'apologie.

Cependant, en cherchant ce qui auroit pu rendre suspecte la
franchise, ou, si l'on veut, la brusquerie de Duclos, nous
croyons en avoir trouvé une espèce de raison; c'est que cette
brusquerie n'étoit pas toujours chez lui l'accent du blâme, ou
de la contradiction ; qu'elle étoit quelquefois celui de la louange, ou de l'assentiment; et qu'alors elle sembloit servir à
leur donner plus de force et de grâce. On en cite un exemple. Duclos, étant malade, appelle un médecin fameux,
dont il ne goûtoit point l'esprit ni les manières, et contre
lequel il s'étoit souvent déclaré dans la société, quoique
d'ailleurs il fît grand cas de ses talens dans l'art de guérir.
Ce médecin lui dit qu'il étoit très-flatté de sa confiance,
mais qu'il n'en étoit pas moins surpris, ayant des raisons
de croire qu'il ne lui étoit point agréable. *Cela est vrai,*
répondit Duclos; *mais, pardieu! je ne veux pas mourir.*
Sans doute un compliment, ainsi assaisonné, dut plaire
plus qu'un autre; mais faut-il croire pour cela que Duclos
ait toute sa vie affecté la franchise et même la dureté, dans
le dessein de rendre plus vraisemblables et plus piquantes

des louanges qu'il donnoit assez rarement, et qu'au surplus il ne donnoit jamais qu'à ceux qui les méritoient bien? N'est-il pas plus simple d'imaginer que, naturellement et habituellement brusque, il ne pouvoit s'empêcher de louer du même ton dont il blâmoit, et que ce n'étoit point sa faute si l'éloge gagnoit à cette singularité?

Si Duclos savoit quelquefois renfermer, dans les bornes d'une sage circonspection, son zèle pour ses amis, et sa générosité envers les opprimés, à qui moins de prudence de sa part eût été souvent plus préjudiciable qu'à lui-même, il savoit aussi, dans certains cas et sur certaines matières, mettre un frein à la liberté de ses discours. Ce droit, qu'il s'étoit arrogé de dire hautement sa façon de penser, fut un jour ratifié solennellement par Louis XV, qui l'estimoit trop pour craindre qu'il n'en abusât. Un courtisan citoit devant ce prince un de ses propos sur lequel il fondoit sûrement l'espoir de lui nuire. *Oh! pour Duclos,* dit le roi, *il a son franc-parler.* Duclos le sut, et il n'en fut ni plus ni moins hardi dans son langage.

C'est peut-être ici le cas de rappeler ses relations avec les écrivains du dernier siècle, qui se sont décorés eux-mêmes du nom de *philosophes,* nom que depuis on a voulu leur appliquer comme une flétrissure. Duclos, ami sincère de la vérité, dut d'abord se lier avec des hommes qui faisoient profession de la chercher. Il marcha long-temps sur la même ligne qu'eux; long-temps il se para du même titre. Mais on abuse des meilleures choses; les intentions les plus pures conduisent quelquefois aux plus coupables projets; l'esprit de recherche et d'examen se change en une vaine et dangereuse curiosité, le doute raisonnable en amour effréné du problème et bientôt du paradoxe; la hardiesse devient audace; la liberté, licence; on a ébranlé ce qu'on ne vouloit que sonder, on veut renverser ce qu'on a ébranlé. Après qu'on a dissous les plus solides principes en les soumettant imprudemment à l'analyse, on crée, on combine des élémens chimériques pour en former d'extravagans systèmes. Enfin, on veut détromper les autres de ce dont on se trouve désabusé, leur persuader ce dont on se croit convaincu; on divulgue les erreurs qu'on pense avoir détruites, les vérités qu'on prétend avoir découvertes; et cette divulgation est un crime lorsqu'elle tend à rompre le lien de la religion né-

cessaire au plus grand nombre, et celui de la morale nécessaire à tous. Telle a été, telle a dû être inévitablement la
marche de certains esprits, plus présomptueux qu'éclairés,
plus ardens que forts, qui, n'ayant pas su atteindre le but
ou s'y arrêter, se sont jetés dans de fausses routes, et ont eu
ensuite la foiblesse coupable de vouloir y attirer les autres. Duclos, esprit ferme et libre, mais sage et mesuré, sentoit que
s'il est permis à chacun de penser, à sa manière, sur tout
ce qui est du ressort de la pensée, il ne l'est pas de ma-
nifester son opinion, lorsqu'elle est contraire à l'opinion générale et à l'ordre établi. Dès qu'il vit que cette association,
d'abord secrète et, pour ainsi dire, inconnue à elle-même,
d'hommes qui se livroient paisiblement et de bonne foi à
l'étude de la philosophie, se transformoit en un parti déclaré et organisé, ayant ses chefs et ses soldats, son mot
d'ordre et son point de ralliement; que l'amour du bruit et
de la domination, l'ardeur du prosélytisme, et le zèle per-
sécuteur s'emparoient d'un grand nombre de têtes; que sous
le prétexte, ou peut-être avec le dessein réel de faire la
guerre aux préjugés nuisibles, on attaquoit non-seulement
les préjugés utiles, mais même les vérités nécessaires; dès
que Duclos vit toutes ces choses, il crut devoir, non point
déclamer contre la philosophie, mais s'élever contre l'abus
qu'on en faisoit; non point abjurer ses principes, mais les
expliquer, afin de ne point encourir le même blâme que ceux
dont la façon de penser et d'agir n'étoit plus la sienne. Il
conserva son estime et son attachement aux hommes du parti philosophique qui allioient une conduite louable à de sim-
ples travers d'esprit, et son admiration à ceux qui unis-
soient de grands talens à de grands torts. Mais il déploya
toute l'énergie de son indignation et de son mépris contre ce
troupeau de petits sectaires fanatiques qui, enchérissant sur
les erreurs de leurs maîtres, sans avoir, comme eux, l'ex-
cuse d'une imagination ardente ou d'une raison égarée dans
les profondeurs de la science, débitoient des sophismes re-
battus, des impiétés froides, et même des obscénités dégoû-
tantes pour la plus grande gloire de la philosophie, et le
plus grand bien de l'humanité. C'est d'eux et d'eux seuls que
Duclos disoit ce mot souvent cité, et toujours inexacte-
ment : *Ils sont-là une bande de petits impies qui finiront
par m'envoyer à confesse.* Les chefs de la philosophie

I   2

voyoient, sans beaucoup de chagrin, que l'on tombât sur leur livrée, dont ils n'osoient eux-mêmes réprimer les écarts, de peur de refroidir en même temps son zèle. Mais si Duclos n'avoit pas eu pour les maîtres les ménagemens qu'on doit à des hommes d'un mérite distingué, dont on a été l'ami, ceux-ci n'auroient pas manqué de s'en venger, et de le traiter en transfuge, c'est-à-dire avec mille fois plus d'animosité que s'il eût toujours été du parti contraire : or, nous ne voyons pas qu'aucun d'eux se soit permis sur son compte la moindre parole désobligeante.

Duclos a dit : *Je laisserai une mémoire chère aux gens de lettres.* Il ne s'est point trompé : les gens de lettres lui ont une grande obligation, celle d'avoir soutenu, dans toutes les occasions, la dignité de leur titre. On n'a point oublié avec quelle fermeté et quelle adresse à la fois il défendit les droits de l'égalité académique contre les prétentions ridicules que de sots complaisans avoient suggérées à M. le comte de Clermont, lors de son admission à l'académie françoise (*). On se rappelle aussi avec quelle force et quel succès il combattit, en semblable occasion, les prétentions plus ridicules encore du maréchal de Belle-Isle qui vouloit être dispensé de faire en personne les visites que les candidats sont dans l'usage de faire aux académiciens. *Ce ne sont pas les tyrans qui font les esclaves,* dit-il à ce sujet; *ce sont les esclaves qui font les tyrans.* Il se présente ici un problème anecdotique qui n'est pas sans difficulté, ni peut-être sans quelqu'intérêt. Collé, dans son *Journal historique,* prétend que ce fut à cette élection de M. de Belle-Isle, que Duclos, prévoyant quelque noirceur de la part de ceux dont il avoit combattu la lâcheté, eut la précaution de garder sa boule noire, et lorsque la vérification du scrutin vint à offrir une de ces boules injurieuses, jeta la sienne sur la table, en disant qu'il avoit oublié d'en faire usage, et repoussa ainsi, à la confusion de ses ennemis, le soupçon qu'ils avoient voulu attirer sur lui, comme seul opposant à l'élection du maréchal (**). Marmontel, dans ses *Mémoires,*

____

(*) La continuation de l'*Histoire de l'académie françoise,* faite par Duclos, et imprimée dans le neuvième volume de cette collection, contient tous les détails de l'affaire, et les deux *Mémoires* qu'il fut obligé de rédiger.

(*) Pour répandre toute la clarté possible sur ce récit, nous

raconte cette même aventure, en y ajoutant quelques circonstances qui la rendent plus dramatique et un peu moins
vraisemblable, comme celle de quatre boules noires trou-
vées dans l'urne, et de quatre autres boules de la même cou-
leur retenues par autant d'académiciens qui, l'un après l'autre, en auroient fait l'exhibition. Mais ce n'est point là que gît
la difficulté; voici en quoi elle consiste : Collé place le fait
à l'élection de M. de Belle-Isle, en 1749, et Marmontel à
celle de M. l'abbé de Radonvilliers en 1763. Collé, qui con-
signoit les événemens dans son *Journal,* jour par jour et à
mesure qu'ils arrivoient, ne peut pas être soupçonné d'avoir
confondu les dates. D'un autre côté, Marmontel, qui avoit
été le concurrent de l'abbé de Radonvilliers, n'a pas dû être
trompé par sa mémoire au point de rapporter involontaire-
ment à cette époque marquante pour lui, un fait antérieur
de quatorze ans, et dont on avoit beaucoup parlé dans le temps.
Enfin il n'y a point d'apparence que ce fait soit arrivé deux
fois, à si peu de distance et entre les mêmes hommes; ceux
qui y avoient été pris déjà, ne devant pas être tentés de subir
de nouveau une si forte humiliation. Faut-il donc croire que
Marmontel, accoutumé à composer des romans, a quelquefois cédé à la force de l'habitude en écrivant ses mémoires,
et n'a pu résister à l'envie d'embellir d'un incident assez plaisant le récit d'un événement où lui-même avoit joué un rôle?
Quelqu'opinion qu'on ait à ce sujet, il reste toujours à Duclos l'honneur d'un trait singulier de prévoyance.

Il fut un de ceux qui opinèrent pour Piron toutes les fois
qu'il fut question de lui pour être de l'académie. On opposoit sans cesse à ce poëte sa trop fameuse ode; voici de

___

allons transcrire un passage des *Mémoires* de Marmontel, où se
trouve expliquée la manière dont on procédoit à l'élection d'un
académicien : « L'usage de l'académie, en allant au scrutin des
» boules, étoit de distribuer à chacun des électeurs, deux bou-
» les, une blanche et une noire. La boîte dans laquelle on les
» faisoit tomber, avoit aussi deux capsules et au-dessus deux gobe-
» lets, l'un noir et l'autre blanc. Lorsqu'on vouloit être favorable
» au candidat, on mettoit la boule blanche dans le gobelet blanc,
» la noire dans le noir; et lorsqu'on lui étoit contraire, on mettoit
» la boule blanche dans le gobelet noir, la noire dans le blanc.
» Ainsi, lorsqu'on vérifioit le scrutin, il falloit retrouver le nombre
» des boules, et en trouver autant de blanches dans la capsule noire
» qu'il y en avoit de noires dans la capsule blanche ». (*Mémoires
de Marmontel,* tom. II, liv. VII, pag. 270 et 271.

quelle manière Collé prétend que Duclos réfutoit l'objection : *S'il y avoit eu une académie romaine, auroit-on refusé d'y admettre Virgile, Horace et Ovide, les deux premiers parce qu'ils ont fait, l'un des églogues et l'autre des odes un peu libres, et le dernier parce qu'il a composé l'Art d'aimer et d'autres poésies licencieuses? La postérité trouveroit-elle aujourd'hui ces raisons suffisantes? Si vous n'en avez point d'autres que celles-là pour donner l'exclusion à Piron, je ne les crois pas assez fortes. Je le dis d'une façon d'autant plus désintéressée que moi personnellement je n'aime point Piron; mais j'estime ses ouvrages à beaucoup d'égards* *).*

On auroit tort de conclure de cette apologie de Piron, que Duclos avoit du goût ou seulement de l'indulgence pour les productions obscènes. Un auteur ayant envoyé au concours de 1768 une pièce de vers du genre et même du style le plus licencieux, et ayant eu l'impudence de se faire connoître, Duclos lui écrivit une lettre très-forte pour lui dire que cette fois l'académie vouloit bien ne pas le dénoncer à la police, et lui épargner le châtiment qu'il méritoit.

Jaloux de l'honneur de cette académie, il vouloit avec raison qu'on y admît l'auteur de la *Métromanie*, malgré le tort de son ode, et le tort plus grave encore, littérairement parlant, d'un grand nombre d'ouvrages de mauvais goût; mais il s'opposoit de toutes ses forces à ce qu'on y reçût de ces hommes frappés de nullité, qui croient mériter l'académie parce qu'il y a long-temps qu'ils y aspirent, à peu près comme un soldat, sans avoir fait campagne, gagne les Invalides, parce qu'il est devenu vieux. Quelqu'un sollicitoit des voix pour l'abbé Trublet : *Il y a tant d'années, disoit-il, qu'il est sur les rangs sans arriver, qu'il en est tombé malade. L'académie, répondit Duclos, n'a point été établie pour les incurables* (**).

(*) *Journal historique* de Collé, pag. 247. M. Abeille pense que Duclos n'a pas pu tenir ce discours, qui auroit prouvé de sa part une ignorance totale des mœurs des anciens. En effet la licence des discours et des écrits n'étoit pas chez eux au même degré de blâme et de mépris que parmi nous ; et leurs poëtes les plus chastes sont quelquefois très-obscènes. Le lecteur prononcera.

(**) On rapporte un autre trait tellement semblable à celui-ci pour le fond que ce pourroit bien être le même, avec quelques changemens dans les circonstances. M. de Bougainville, dit-on ,

On lui reprochoit de ne point remplir avec assez de dignité les fonctions de secrétaire perpétuel dans les assemblées publiques de l'académie ; en un mot, de *se mettre trop à son aise*. Il paroît au moins certain qu'il s'y mettoit beaucoup dans les assemblées particulières. Il lui arrivoit quelquefois d'y laisser échapper d'assez gros jurons. *Monsieur,* lui dit un jour l'abbé du Resnel, *sachez qu'on ne doit prononcer dans l'académie que des mots qui se trouvent dans le dictionnaire.*

Ce dictionnaire, toujours critiqué et toujours suivi, fut l'objet des soins constans et particuliers de Duclos. Il tint la plume pour l'édition de 1762, et contribua plus que personne à son amélioration par ses connoissances grammaticales, et son talent pour la définition juste, claire et précise. Ce fut lui qui fit substituer aux insipides lieux communs de morale proposés jusqu'alors pour sujets du prix d'éloquence, les éloges des grands hommes de la nation, et qui par conséquent nous valut les discours éloquens, ingénieux ou littéraires de MM. Thomas, Chamfort, Laharpe et quelques autres. L'académie des inscriptions et belles-lettres lui dut aussi une réforme, celle des approbations que des commissaires pris dans son sein donnoient aux ouvrages de ses membres. Ces approbations se rédigeoient au gré des commissaires et dans des termes plus ou moins louangeurs, selon le degré de liaison qui existoit entre les examinateurs et les auteurs examinés. Sur la proposition de Duclos, elles furent réduites à une formule uniforme et invariable, qui prévenoit à la fois l'inconvénient de trop louer un ouvrage médiocre, et celui de mécontenter un auteur qui se trouvoit moins loué que les autres (*).

Cette activité vigilante, ce zèle ardent pour la gloire, et les intérêts des deux académies, et particulièrement de l'académie françoise, firent accuser Duclos de se mêler de trop de choses, et d'aimer trop à paroître. C'est un petit ri-

sollicitant Duclos pour être de l'académie, lui faisoit entendre qu'étant atteint d'une maladie qui le minoit, il laisseroit bientôt la place vacante ; à quoi Duclos répondit : *Ce n'est point à l'académie à donner l'extrême-onction.*

(*) Duclos donna dans l'académie des inscriptions un exemple de rare désintéressement. Il renonça à la pension où il étoit près d'arriver, et passa à la vétérance.

dicule que les gens qui ne font rien, se sont toujours plu à jeter sur ceux qui font beaucoup.

C'est ainsi que dans le monde on accuse de vouloir dominer dans la conversation et briller aux dépens des autres, ceux qui ont beaucoup d'esprit et le montrent. Duclos pouvoit moins que personne échapper à cette accusation. *De tous les hommes que je connois,* disoit d'Alembert, *Duclos est celui qui a le plus d'esprit dans un temps donné.* Cette phrase mathématique confirme ce qu'on a souvent dit de son genre de conversation. Il causoit moins qu'il ne parloit : pour lui l'entretien n'étoit pas une alternative de questions et de réponses, de discours et de silence; c'étoit une succession rapide de saillies vives, de traits piquans, de mots tournés comme pour produire de l'effet et se graver dans la mémoire : tout cela exprimé avec une précision tranchante, débité d'un ton de voix élevé et mordant, et appuyé d'un geste court et significatif (*). Duclos avoit montré de bonne heure du goût et du talent pour la dispute, et c'est peut-être sur cet indice que ses parens avoient cru trouver en lui de grandes dispositions pour la profession d'avocat; mais dans la suite il renonça à la contradiction, quoiqu'il l'eût, dit-il lui-même, plus gaie qu'amère. Son opinion paroissoit arrêtée et sa phrase faite à peu près sur tout : dès qu'il avoit jeté son mot, il laissoit le champ libre à la controverse, et ne s'y engageoit pas. De pareilles formes de conversation, en repoussant la discussion et presque l'examen, sembloient commander la soumission aux esprits, et par conséquent blessoient l'amour-propre de beaucoup de gens. C'est là sans doute ce qui fit donner à Duclos, par un grand seigneur, la qualification de *bavard impérieux* (**). Au surplus, ses ennemis eux mêmes conviennent qu'à part le ton absolu et dominateur, son entretien étoit aussi agréable qu'instructif, attendu qu'il le montoit toujours sur quelque point intéressant, et y semoit une foule d'anecdotes curieuses. Il aimoit beaucoup les anecdo-

(*) Les idées se présentoient à lui avec tant d'abondance, dit M. Abeille, que s'il n'eût pas eu la phrase serrée, il eût été bègue.

(**) Un autre grand seigneur, auteur d'un mauvais livre, choqué apparemment de la liberté avec laquelle Duclos s'expliquoit sur les vices et les ridicules des gens de la cour, ne l'appeloit que *ce Plébéien révolté.*

tes, et alloit sans cesse les recueillant auprès de ceux qui les savoient d'original. « Mais il les aimoit trop, dit M. de » Vauxcelles, pour n'en être pas quelquefois la dupe (*). Il » étoit plein tout à la fois de probité et de malice. Il étoit » porté à croire qu'un récit malin étoit vrai, et qu'un récit » vrai devoit être malin ». Ce portrait est un de ceux dont le naturel et l'air de vérité garantissent presque la ressemblance. En effet, la curiosité va rarement sans la malignité, et l'une n'est jamais plus satisfaite que quand l'autre est un peu flattée (**).

Il est facile de se figurer qu'avec son caractère franc et son tour d'expressions vif et piquant, Duclos a dû passer pour caustique. C'est encore un reproche que presque tous les gens d'esprit ont eu le malheur, ou, si l'on veut, le tort de s'attirer. Heureusement il ne leur est guère fait que par les sots. Il est cependant à remarquer que ceux-ci ont beaucoup moins de véritable indulgence que les premiers. Dès qu'un ridicule est assez grossier pour ne point leur échapper, ils fondent dessus sans retenue, sans pitié ; mais comme leurs coups mal dirigés retombent ordinairement sur eux-mêmes, on oublie leur intention à laquelle le fait n'a point répondu, et ils deviennent un objet de compassion ou de risée plutôt que de haine ou de crainte. Les gens d'esprit au contraire aperçoivent trop de ridicules pour n'en pas épargner beaucoup ; et quand ils ne peuvent résister à l'envie d'en attaquer un, c'est presque toujours sans animosité et avec des ménagemens que la sottise ne connoît pas, ou dont elle feroit un usage maladroit ; mais leur bras est plus assuré, leurs armes sont de meilleure trempe, les blessures

(*) M. de Malesherbes s'est cru obligé de réfuter Duclos sur ce qu'il avoit dit de son bisaïeul, le président de Lamoignon, au sujet de l'acquisition de la terre de Courson.

(**) Quel que fût l'amour de Duclos pour les anecdotes, il y vouloit du choix, et ne pouvoit souffrir qu'on s'occupât gravement des misères du lever, du coucher et du débotter. Il disoit à propos de certains courtisans qui y attachoient beaucoup d'importance : *Quand je dîne à Versailles, il me semble que je mange à l'office. On croit entendre des valets qui s'entretiennent de ce que font leurs maîtres.*
Il se plaignoit de ce qu'on retenoit mal ses anecdotes, et de ce qu'on les citoit de travers : *On me gâte mes bonnes histoires,* disoit-il.

qu'elles font guérissent difficilement, et l'ennemi qu'elles ont blessé, l'amour-propre, ne pardonne jamais. Au reste, la causticité de Duclos n'étoit pas cette moquerie, à la fois légère et cruelle, d'un homme qui s'amuse et veut amuser les autres des travers qu'il a saisis : c'étoit presque toujours l'expression soudaine et énergique de l'indignation qu'excitoient en lui le vice et la bassesse. Quelques traits en feront mieux juger que toutes les définitions. Il disoit d'un homme enrichi par les plus vils moyens et endurci aux affronts : *On lui crache au visage, on le lui essuie avec le pied, et il remercie.* L'abbé d'Olivet avoit auprès d'un grand nombre de ses confrères la réputation d'être fourbe et perfide : Duclos qui avoit de lui cette opinion, ne laissoit échapper aucune occasion de le maltraiter ; et l'abbé, avec la fausse résignation des gens de ce caractère, ne répondoit rien à ses outrages : *C'est un si grand coquin,* disoit Duclos, *que, malgré les duretés dont je l'accable, il ne me hait pas plus qu'un autre.* L'abbé de Voisenon avoit composé des couplets en l'honneur de madame du Barri et du chancelier Maupeou, qui avoient fait exiler M. de Choiseul, son bienfaiteur. L'académie françoise, dont il étoit membre, délibéroit si elle ne lui feroit pas des reproches d'une conduite aussi peu délicate : *Eh ! messieurs,* dit Duclos, *pourquoi voulez-vous tourmenter ce pauvre infâme ?* Il connoissoit depuis long-temps l'abbé de Voisenon, et voyoit dans son tort moins un vice de cœur qu'un défaut de caractère : de là ce mélange de mépris et d'indulgence pour lui (*). Rien n'a été plus souvent cité que son mot sur les hommes puissans qui n'aiment pas les gens de lettres : *Ils nous craignent comme les voleurs craignent les réverbères ;* et cet autre : *Un tel est un sot ; c'est moi qui le dis, c'est lui qui le prouve ;* mais, comme ils sembleroient manquer à une notice où l'on a eu dessein de faire connoître à fond le genre de caractère et d'esprit que Duclos portoit dans la société, nous n'avons pas cru devoir les omettre. Le même motif

(*) Lorsque l'abbé de Voisenon fut nommé plénipotentiaire de l'évêque de Spire, Duclos lui dit : *Je vous félicite, mon cher confrère ; vous allez enfin avoir un caractère.* Nous ne voulons pas faire honneur à l'esprit de Duclos d'un jeu de mots médiocre ; mais seulement faire connoître d'autant plus son opinion sur l'abbé de Voisenon, le plus léger et le plus inconséquent des hommes.

nous engage à rapporter encore quelques anecdotes plus ou moins connues.

D'après tout ce que nous avons dit jusqu'ici du ton de franchise et de liberté que Duclos mettoit dans ses discours, on a déjà pu présumer qu'il étoit tout à fait exempt de cette ridicule délicatesse qui interdit aux autres et se défend à elle-même tout propos un peu gai. C'est une remarque triviale à force d'être juste que cette décence de paroles est toujours en proportion de la licence de mœurs des siècles et des sociétés où elle règne; et l'on diroit presque qu'il y a le même genre d'inconvénient à raconter des aventures lestes en présence de certaines femmes, qu'à parler de mauvaises affaires devant un homme qui a dérangé les siennes. Duclos pensoit donc que les femmes les moins vertueuses sont souvent celles qui s'offensent le plus des discours libres; mais il pressoit peut-être un peu trop la conséquence contraire. Il disoit un jour à mesdames de Rochefort et de Mirepoix que les courtisanes devenoient bégueules, et ne vouloient plus entendre le moindre conte un peu vif. Elles étoient, disoit-il, plus timorées que les femmes honnêtes; et là-dessus il entame une histoire fort gaie; puis une autre encore plus forte; enfin, à une troisième qui commençoit plus vivement encore, madame de Rochefort l'arrête, et lui dit: *Prenez donc garde, Duclos; vous nous croyez aussi par trop honnêtes femmes.* Il parloit un jour devant cette même madame de Rochefort du paradis que chacun se fait à sa manière. *Pour vous, Duclos*, lui dit-elle, *voici de quoi composer le vôtre : du pain, du vin, du fromage et la première venue.* Cette saillie, dont il ne faut, comme de raison, prendre que l'esprit, peint d'une manière assez vraie la simplicité de goûts que Duclos portoit dans tous ses plaisirs, et qui provenoit en grande partie de sa complexion forte et de son excellente santé. Ceux qui raffinent tant sur les jouissances auroient souvent besoin de se les interdire tout à fait. Quant à lui, il avoit des sens fort exigeans, et il les satisfaisoit sans beaucoup de recherche ni de scrupule. Il avoit contracté dans sa jeunesse l'amour de la table et du vin qui n'étoit point encore exclu de la bonne compagnie; et lorsqu'on l'en bannit, il demeura fidèle à ses premiers goûts, au risque de passer pour un homme de mauvais ton, ce qui lui arriva bien quelquefois (*). Il étoit ennemi de la contrainte à un tel degré que, pour s'en affranchir, il auroit commis plus que des impolitesses. Un homme se plaignoit à lui de s'être fort ennuyé à un sermon prêché dans la chapelle de Versailles. *Pourquoi*, lui dit Duclos, *êtes-vous resté jusqu'à la fin ? — J'ai craint de déranger l'auditoire et de le scandaliser. Ma foi*, reprit Duclos, *plutôt que d'entendre un mauvais sermon, je me serois converti au premier point.* On se rappelle qu'il détestoit M. de Calonne, et pour quel motif. Un de ses amis l'invite à dîner sans le prévenir que M. de Calonne doit en être. On annonce celui-ci; il entre : Duclos qui étoit déjà arrivé, ne l'a pas plutôt aperçu, qu'il prend son épée et son chapeau, va au maître de la maison, lui dit tout haut en face du nouveau convive : *Vous ignoriez donc, monsieur, que je ne pouvois pas me trouver avec cet homme-là ?* et sort aussitôt sans attendre de réponse.

Quelques lecteurs, habitués à ne voir que des panégyriques absolus dans toutes les notices consacrées aux personnages célèbres, pourront s'étonner de ce que nous avons cité plusieurs traits de Duclos, qui, sans ternir sa mémoire, du moins ne l'honorent pas. Ils penseront peut-être qu'une envie indiscrète de tout dire, a égaré notre zèle et trompé notre intention; car ils ne peuvent nous supposer des vues malignes. Que ces lecteurs se rassurent : nous avons voulu retracer les défauts de Duclos comme ses qualités, ses travers comme ses agrémens, et nous serions bien surpris à notre tour qu'il perdît quelque chose à être connu tout entier. Lui-même ne le craignoit pas. *Les Confessions du*

____

(*) Voici comme M. de La Harpe le peint dans la jolie pièce de vers qui a pour titre : l'*Ombre de Duclos*. C'est Duclos lui-même qui parle :

        .... Je fus véridique,
Peu courtisan, mais *excellent buveur*,
Très-bon convive, un peu brusque et parleur,
Et dans le vin sur-tout plein d'éloquence.
. . . .
Piron et moi, de la vieille méthode
Nous fûmes seuls fidèles sectateurs,
Et les derniers des beaux-esprits buveurs.

comte de *** ayant remis les portraits à la mode, M. de
Forcalquier-Brancas fit celui de Duclos, et Duclos s'en ex-
prima ainsi : « On a fait de moi un portrait que j'ai trouvé
» trop flatteur (*) : cela m'a donné l'envie de me peindre
» moi-même. Je ne sais si le portrait sera vrai ; mais je suis
» sûr d'en avoir l'intention la plus sincère ». Or voici ce
portrait que Duclos fit de lui-même ; tous ceux qui ont été
à portée de voir l'original, en attestent l'extrême ressemblance. « Je me crois de l'esprit, et j'en ai la réputation ; il
» me semble que mes ouvrages le prouvent. Ceux qui me
» connoissent personnellement, prétendent que je suis su-
» périeur à mes ouvrages. L'opinion qu'on a de moi à cet
» égard, vient de ce que dans la conversation, j'ai un tour
» et un style à moi, qui, n'ayant rien de peiné, d'affecté, ni
» de recherché, est à la fois singulier et naturel. Il faut que
» cela soit ; car je ne le sais que sur ce qu'on m'en a dit :
» je ne m'en suis jamais aperçu moi-même. Il n'est pas rare
» qu'on prenne, dès la première entrevue, l'opinion qu'on
» a de mon esprit. Je rougis dans le moment du témoi-
» gnage que je me rends ; mais je le crois juste. Avant de

(*) Nous mettons ici le portrait de Duclos par M. de Forcalquier-
Brancas :
    « L'esprit étendu, l'imagination bouillante, le caractère doux et
» simple, les mœurs d'un philosophe, les manières d'un étourdi.
» Ses principes, ses idées, ses mouvemens, ses expressions sont
» brusques et fermes. Emporté par les passions jusqu'au transport,
» il les abandonne dès qu'elles s'écartent du chemin de la probité.
» Il n'a pas besoin d'être ramené dans les voies honnêtes par les
» réflexions ; un instinct heureux, aussi sûr que ses principes, et
» qui ne le quitte pas même dans l'ivresse des sens, l'a conduit,
» sans jamais l'égarer, à travers l'écueil de toutes les passions. Il
» n'a que de l'amour-propre et point d'orgueil. Il cherche l'estime
» et non les récompenses. Il sait un gré infini à ceux qui le con-
» noissent de bien sentir tout ce qu'il vaut. Il cherche par de
» nouveaux efforts à convaincre de la supériorité de ses lumières
» ceux qui n'en ont pas encore bien démêlé toute l'étendue ; mais
» il pardonne au roi de ne le pas faire ministre, aux seigneurs
» d'être plus grands que lui, aux gens de son état d'être plus ri-
» ches. Il regarde la liberté dont il jouit comme le premier des biens,
» et les chaînes que son cœur lui donne sans cesse comme des preu-
» ves de cette liberté : c'est sous cette apparence qu'il les reçoit
» sans s'en apercevoir. Ce qui lui manque de politesse fait voir
» combien elle est nécessaire avec les plus grandes qualités : car
» son expression est si rapide et quelquefois si dépourvue de grâ-
» ces, qu'il perd avec les gens médiocres qui l'écoutent ce qu'il
» gagne avec les gens d'esprit qui l'entendent ».

» passer à l'article du cœur, je dois dire quelque chose de
» l'amour-propre qui participe toujours de l'esprit et du
» cœur.

» Je suis né avec beaucoup d'amour-propre; mais je sens
» que j'en ai perdu une partie, sans qu'il soit aisé aux autres
» de s'en apercevoir. Je ne dois paroître modeste qu'à ceux
» dont je ne me soucie pas. La franchise de mon amour-
» propre est une preuve de mon estime et de mon goût
» pour ceux à qui je le montre. J'ai là-dessus la confiance
» la plus maladroite. Je devrois savoir qu'on suppose tou-
» jours à un homme plus d'amour-propre qu'il n'en. mon-
» tre, et j'en montre quelquefois plus que je n'en ai. Par exem-
» ple, lorsque je crois qu'on veut me rabaisser, je me ré-
» volte, je crois devoir me rendre justice, je dis alors de moi
» tout ce que je pense et sens, et la contradiction me fait
» peut-être penser de moi plus de bien qu'il n'y en a.

» A l'égard de mon cœur, j'en parlerai comme de mon
» esprit. Je l'ai bon, et j'en ai la réputation ; mais il n'y a
» que moi qui sache jusqu'à quel point je suis un bon hom-
» me. Je suis très-colère, nullement haineux, et, ce qui est
» rare parmi les gens de lettres, sans jalousie : mes con-
» frères mêmes le disent. Je ne suis pas grossier, mais trop
» peu poli pour le monde que je vois. Je n'ai jamais tra-
» vaillé sur moi-même, et je ne crois pas que j'y eusse
» réussi. J'ai été très-libertin par force de tempérament,
» et je n'ai commencé à m'occuper formellement des lettres
» que rassasié du libertinage, à peu près comme ces femmes
» qui donnent à Dieu ce que le diable ne veut plus. Il est
» pourtant vrai qu'ayant fort bien étudié dans ma première
» jeunesse, j'avois un assez bon fonds de littérature que j'en-
» tretenois toujours par goût, sans imaginer que je dusse un
» jour en faire ma profession ».

Si l'on veut bien nous pardonner d'avoir développé un peu
longuement un caractère qui n'étoit pas généralement connu,
et qui méritoit de l'être, nous serions inexcusables de nous é-
tendre sur des ouvrages que tout le monde a lus, et sur lesquels le public s'est fait une opinion à laquelle la nôtre
n'ajouteroit et sur-tout ne changeroit rien. Nous nous con-
tenterons de rapporter en peu de mots les suffrages les plus
honorables donnés à ces différens écrits, et quelques particularités qui en composent, pour ainsi dire, l'histoire.

Les *Considérations sur les Mœurs* sont sans contredit le chef-d'œuvre de Duclos. Louis XV dit de ce livre : *C'est l'ouvrage d'un honnête homme ;* il auroit pu ajouter : et d'un homme de beaucoup d'esprit; mais plusieurs littérateurs célèbres l'ont dit pour lui, entr'autres M. de La Harpe qui en a parlé en ces termes : « Le monde y est vu d'un
» coup d'œil rapide et perçant. Il est rare qu'on ait rassem-
» blé plus d'idées justes et réfléchies et plus ingénieuse-
» ment encadrées. Cet ouvrage est plein de mots saillans
» qui sont des leçons utiles. C'est partout un style concis
» et serré dont l'effet ne tient ni à l'imagination, ni au
» sentiment, mais au choix et à la quantité de termes éner-
» giques et quelquefois singuliers qui forment la phrase, et
» qui tous sont des pensées. Il en résulte un peu de séche-
» resse; mais il y a en revanche une plénitude et une force
» de sens qui plaît beaucoup à la raison (*) ». M. de Fontanes a dit du même livre : « Jamais la raison d'un
» sage ne se montra plus ingénieuse (**) ». Au jugement
» de ces deux habiles critiques on peut ajouter celui que Duclos portoit sur lui-même comme observateur et comme écrivain. *Je ne regarde pas tout,* disoit-il ; *mais ce que je regarde, je le vois. Je n'ai point de coloris,* disoit-il encore; *mais je serai lu.* Il est impossible de poser d'une main plus juste les bornes de son propre mérite.

Il passe pour constant auprès de beaucoup de personnes que le mot *femme* n'est pas employé une seule fois dans les *Considérations sur les Mœurs;* et M. de La Harpe lui-même fait mention de cette prétendue découverte. Voici l'incident qui y conduisit : on s'entretenoit dans une société de l'orthographe de Duclos, et l'on en citoit comme exemple ce même mot *femme* que l'auteur écrit toujours ainsi : *fame.* Quelqu'un parut en douter. On ouvrit les *Considérations* avec la certitude d'en rencontrer la preuve à chaque page; elle ne s'offrit point : on parcourut attentivement tout le volume sans plus de succès, et l'on se crut assuré que le mot fatal ne s'y trouvoit pas. La personne à qui le fait est arrivé et de qui nous le tenons, justement surprise de ce que les femmes n'étoient pas seulement nommées dans l'histoire morale d'un siècle où elles ont joué un si grand rôle, en par-

(*) *Cours de Littérature,* tom. XV, pag. 267.

(**) *Clef du Cabinet,* mois de germinal an 5, pag. 869.

la à Duclos lui-même qui partagea son étonnement. La vérité cependant est que le mot *femme* se trouve dans les *Considérations*, au chapitre V *sur la Réputation, la Célébrité, la Renommée,* etc. (*) Au reste, s'il a paru singulier qu'il ne s'y trouvât point du tout, il est peut-être plus singulier encore qu'il ne s'y trouve qu'une seule fois ; car alors on ne peut plus croire, comme dans le premier cas, que l'auteur ait affecté de ne point s'en servir, ou qu'il ait totalement perdu de vue l'objet qu'il représente.

J'ai vécu; ces mots qui sont le début de l'ouvrage, ont déplu à plusieurs personnes. M. Palissot les a tournés en ridicule dans sa comédie des *Philosophes* (**) ; et une femme, de grand nom, lisant ces mêmes mots : *J'ai vécu,* s'interrompit en disant : *Où? dans un café.* L'insulte étoit bien gratuite de toute façon. Duclos, quoique peu poli, n'avoit ni le langage, ni les manières d'un homme qui avoit passé sa vie dans les cafés ; ce n'étoit point là qu'il observoit la société ; et, pour répondre encore plus directement, depuis les cafés Gradot et Procope qu'il fréquentoit dans sa jeunesse, et qui étoient alors bien composés, il avoit cessé tout à fait de mettre les pieds dans ces sortes d'endroits (***).

Les *Considérations sur les Mœurs* ont été traduites en anglois et en allemand. Le même honneur a été fait à la plupart des autres ouvrages de Duclos.

Les *Mémoires pour servir à l'histoire du dix-huitième siècle* sont regardés par tout le monde, et ont été donnés par Duclos lui-même comme la suite des *Considérations.* Ils sont destinés plus particulièrement à peindre les *mœurs* des femmes. Les femmes sont l'objet continuel du livre, et

(*) Voyez tom. I.er, pag. 138 de cette édition.

(**) Cydalise, personnage ridicule, voulant commencer un livre, dit à celui qui lui sert de secrétaire :

Ecrivez : *J'ai vécu.* Non, c'est mal débuter.

. . . .

J'ai vécu ne vaut rien. . . . .

. . . Je cherche un tour qui soit moins familier.

M. Palissot dit ailleurs qu'un homme d'esprit, choqué de ce début, dit que ce n'étoit pas l'auteur, mais son livre mort-né, qui disoit : *J'ai vécu.*

(***) Voyez ses *Mémoires,* tom. X, pag. 56.

l'auteur des *Cours de littérature* présume que Duclos a voulu les dédommager de ce qu'il n'avoit pas parlé d'elles dans ses *Considérations*, et a cru (ce sont les propres termes de M. de La Harpe) « que cette moitié du genre humain, qui » peut-être vaut mieux que l'autre, méritoit qu'il en trai- » tât à part ». Quoi qu'il en soit de cette conjecture, l'ou-vrage de Duclos avec lequel les *Mémoires pour servir à l'histoire du dix-huitième siècle* ont le plus de rapports, sont les *Confessions du comte de* ***. Tous deux sont des romans; tous deux sont une suite de portraits, un enchaîne-ment d'aventures galantes arrivées à un même personnage qui en fait le récit; tous deux sont un cadre uniquement des-tiné à contenir des aperçus, des dissertations et des juge-mens sur les mœurs de la société, et principalement sur le genre de sentiment et de liaison qui rapproche les deux sexes; enfin, ce qui met le comble à toutes ces ressemblan-ces, et en est peut-être un effet, tous deux ont mérité les mêmes éloges et les mêmes reproches. Dans l'un et dans l'autre, la partie dramatique est foible, quelques situations ont paru amenées moins heureusement ou trop peu dévelop-pées; mais les caractères sont tous supérieurement tracés, les observations sont justes et fines, les réflexions ingénieuses et piquantes. Dans Duclos, le romancier est inférieur et sub-ordonné au moraliste. Il avoit toute la sagacité, toute la pénétration qui conviennent à celui-ci; il n'avoit peut-être pas l'imagination et la sensibilité qui sont nécessaires à l'au-tre. Aussi les formes du roman ne lui servoient-elles que de prétexte pour faire part au public du résultat de ses mé-ditations philosophiques.

Il semble pourtant avoir ambitionné une fois le succès réser-vé à ceux qui créent des aventures touchantes et mettent en jeu les passions humaines. C'est dans la *Baronne de Luz*. Il y a sans doute de l'intérêt et même du pathétique; mais le peintre de caractères y tient encore plus de place que le peintre de situations. Ce roman, comme on sait, a pour but de prouver qu'une femme peut perdre son honneur sans per-dre son innocence : la vertu de madame de Luz est mise plusieurs fois de suite à cette sorte d'épreuve. On trouva dans le temps que quelques-uns de ces incidens étoient peu naturels, et le livre fut regardé comme un jeu d'esprit, com-me une espèce de gageure. Duclos en fit adroitement l'apologie dans une lettre qu'un de ses amis étoit censé lui adresser à ce sujet. L'auteur de cette lettre auroit dû rester bien caché, puisque plusieurs des torts reprochés à l'ouvrage y étoient sincèrement avoués; mais il fut impossible de ne pas reconnoître Duclos à sa manière. Peu d'écrivains en ont eu une aussi décidée.

On la retrouve encore toute entière dans *Acajou et Zirphile*, qui n'est pourtant qu'une bagatelle, un vrai conte de fées. Nous avons déjà eu occasion de faire savoir pourquoi et comment il fut composé. Nous dirons seulement ici que la bizarrerie des situations données par les estampes est très-heureusement sauvée, au moyen de l'espèce de merveilleux qu'admet la féerie, et que ce fond si futile, si grotesque, est semé de traits qu'on ne s'attend guère à rencontrer dans un livre digne, par le sujet, de figurer dans la *Bibliothéque bleue*.

Il y a loin d'*Acajou* à l'*Histoire de Louis XI*. De tous les ouvrages de Duclos, c'est celui qui a été le plus diversement jugé, quant à la forme sur-tout. Les uns en ont comparé le style à celui de Tacite qu'en effet l'auteur semble avoir voulu imiter pour la profondeur, la force, la précision et une certaine recherche curieuse des causes secrètes de tous les événemens. Les autres ont prétendu que Duclos n'avoit ni l'élévation, ni l'abondance, ni la gravité que demande l'histoire, que sa diction étoit trop coupée, trop épigrammatique; quelques-uns ont attaqué le fond de l'ouvrage : selon eux, Duclos n'avoit pas assez médité sur sa matière, n'avoit pas su se la rendre propre par une étude longue et approfondie. On assure que le chancelier d'Aguesseau, lisant l'*Histoire de Louis XI* dans sa nouveauté, disoit, à de certains endroits : *Ah! mon ami, qu'on voit bien que tu ne sais tout cela que d'hier au soir* (*)! Presque toutes ces critiques sont fondées sans doute; mais l'*Histoire de Louis XI* n'en est pas moins un ouvrage rempli de recherches curieuses où, comme le dit M. de Beauvau, l'auteur

(*) Voici comme Chamfort rapporte ce même mot : *C'est un ouvrage composé d'aujourd'hui avec l'érudition d'hier.*

M. Sénac de Meilhan, dans ses *Considérations sur l'Esprit et les Mœurs*, voulant expliquer pourquoi Duclos n'a pas réussi à peindre un roi mort depuis trois siècles, lui qui peignoit si bien ses contemporains, dit : *C'est que Duclos n'avoit pas soupé avec Louis XI.*

« raconte avec rapidité, énergie et impartialité les événe-
» mens d'un des règnes les plus remarquables de la monar-
» chie et qui prépara la révolution la plus importante dans
» le gouvernement et dans les mœurs ». Le volume de
Pièces Justificatives, qui y fait suite, est justement estimé
par tous ceux qui étudient les antiquités de notre histoire.

Les *Mémoires Secrets des règnes de Louis XIV et de
Louis XV* sont un autre ouvrage historique de Duclos;
mais, dans le jugement qu'on en a porté, la critique n'est
point venue se mêler à la louange. C'est que cet ouvrage
étoit tout à fait dans l'espèce et dans la mesure de son
talent. Les qualités qui lui manquoient pour composer une
histoire en forme, auroient été déplacées dans des mémoires, et tous les défauts qu'il avoit montrés dans ce premier
genre d'écrits, ont été précisément regardés comme autant
de qualités dans le second. « Ces *Mémoires*, dit Chamfort,
» sont le fruit du travail de plusieurs années; c'est le ta-
» bleau des événemens qui se sont passés sous les yeux de
» Duclos, dont il a pénétré les causes, dont il a, en quelque
» sorte, manié les ressorts. L'auteur a vécu avec la plupart
» de ceux qu'il a peints. Il les avoit observés avec cette sa-
» gacité fine et profonde qu'il a développée dans les *Consi-
» dérations sur les Mœurs*. C'étoit le vrai caractère de son
» esprit (*) ». Duclos, historiographe de France, ne vouloit
pas qu'entre ses mains cet emploi fût un vain titre; mais il
ne vouloit pas non plus, comme il le disoit lui-même, s'a-
vilir par l'adulation, ni se perdre par la vérité. Il se déter-
mina donc à ne point faire imprimer, de son vivant, son
Histoire du règne présent (c'est ainsi qu'il la nommoit),
et, dans la crainte que le gouvernement ne s'en emparât et
ne l'anéantît, il en fit faire plusieurs copies qu'il envoya, hors
du royaume, à différentes personnes, entr'autres au cardinal de Bernis, son ami, qui joue lui-même un grand rôle
dans la dernière partie de l'ouvrage. L'expérience a prouvé
que cette précaution n'étoit pas tout à fait inutile; car à
peine Duclos eut-il les yeux fermés, qu'un exempt vint de
la part du roi demander tous les papiers relatifs à l'histoire,
qui pouvoient se trouver chez lui. L'existence des *Mémoires Secrets* étoit connue bien avant qu'ils fussent imprimés.

(*) Œuvres de Chamfort, tom. III, pag. 206.

I   2 *

Duclos en avoit lu des morceaux à plusieurs gens de lettres, et notamment à M. de Vauxcelles, qui, très-amateur lui-même d'anecdotes, a réfuté ou modifié quelques-unes de celles de Duclos en marge de son exemplaire. Nous avons placé ses notes à la fin du premier volume des *Mémoires*, sur lequel elles portent toutes, afin que le lecteur compare, discute et se décide.

De même que les *Mémoires Secrets*, le *Voyage en Italie* de Duclos n'a été imprimé que depuis la révolution. Chamfort, qui rendit compte de ces deux ouvrages dans le *Mercure*, s'exprime ainsi au sujet du dernier. « Cet écrit » ne peut qu'honorer la mémoire et le talent de Duclos. On » y retrouve son esprit d'observation, sa philosophie libre » et mesurée, sa manière de peindre par des faits, des » anecdotes, des rapprochemens heureux (*) ». M. de Fontanes, dans l'article déjà cité, en parle à peu près de la même manière ; mais, ce que Chamfort s'est gardé de faire, il s'étonne que Duclos n'ait rien dit des chefs-d'œuvres des arts qui couvrent l'Italie, et il ajoute : « Si par hasard Du-» clos et Winkelman s'étoient rencontrés à Rome, ils n'au-» roient pu concevoir mutuellement leur genre de vie. L'ami » des arts, Winkelman, se fût, à coup sûr, indigné contre » l'indifférence du bel-esprit françois ; Duclos, à son tour, » eût ri d'un enthousiasme qu'il ne pouvoit partager, et » peut-être eût-il fait un joli chapitre contre la manie des » admirateurs exclusifs de l'antiquité ». L'observation est spirituelle ; elle a toute la justesse absolue qu'on peut désirer ; et les choses auroient peut-être dû se passer comme l'a dit M. de Fontanes ; mais par malheur elles se sont passées tout autrement. Duclos et Winkelman se sont vus, et ils se sont fort goûtés. Voici ce qu'en dit Duclos : « On a » beaucoup écrit sur Herculane ; mais personne n'a rien » donné de si savant et de si instructif que l'abbé Winkel-» man, le plus habile antiquaire que j'aie connu. Il étoit, » en cette qualité, attaché au pape, et fort communicatif ; » *je prenois à Rome grand plaisir à converser avec lui.* » Il avoit consenti à une correspondance avec moi, et j'ai » appris, avec la plus vive douleur, le crime qui nous l'a » enlevé (**) ». Duclos a intitulé son voyage : *Considéra-*

(*) Œuvres de Chamfort, tom. III, pag. 227.

(**) *Voyage en Italie*, tom. VII, pag. 125.

tions sur l'Italie ; titre qui convient mieux que tout autre à une relation qui n'est ni un itinéraire, ni une description des lieux, mais le coup d'œil d'un observateur sur les gouvernemens, les hommes, les mœurs générales et celles des différentes classes de la société.

Les *Remarques sur la Grammaire générale et raisonnée de Port-Royal* ont toujours joui de beaucoup d'estime. MM. de Beauvau et Beauzée, l'un directeur de l'académie françoise, l'autre récipiendaire en remplacement de Duclos, en ont fait le plus grand éloge dans leurs discours. Il est vrai qu'outre leurs sentimens personnels pour l'auteur, la position où ils se trouvoient, ne leur permettoit pas de parler désavantageusement d'une de ses productions ; mais, comme ils étoient tous deux excellens grammairiens, cette qualité, qu'ils ne devoient pas vouloir compromettre, doit ajouter autant de poids à leur suffrage, que les autres considérations peuvent lui en ôter, et, tout se trouvant ainsi compensé, il reste démontré, à ce qu'il nous semble, que les *Remarques* sont l'ouvrage d'un homme qui avoit porté, dans l'étude de la grammaire, un esprit très-juste et très-philosophique. C'est dans ces *Remarques* que Duclos a établi son nouveau système d'orthographe, suivant lequel elles sont imprimées. Cette innovation a été blâmée plus qu'elle ne le méritoit peut-être. Si Duclos a poussé trop loin la réforme, on ne peut disconvenir qu'elle ne soit nécessaire à plusieurs égards. Nous allons citer un fait qui prouve avec quelle attention et quelle sûreté de jugement Duclos examine tout ce qui avoit rapport à la science grammaticale. L'abbé Girard venoit de faire paroître ses *Vrais Principes de la langue françoise,* ouvrage où beaucoup d'idées vraies et lumineuses au fond, sont présentées d'une manière trop abstraite, trop métaphysique ; Duclos dit : *C'est un livre qui fera la fortune d'un autre.* La prédiction s'est vérifiée.

Duclos fit pour l'académie des inscriptions et belles-lettres, six *Mémoires* qui figurent d'une manière très-distinguée dans le recueil des travaux de cette compagnie, et dont quelques-uns se retrouvent, en tout ou en partie, textuellement ou en substance, dans l'*Encyclopédie.* Les deux premiers ont pour objet l'*Origine et les révolutions des langues celtique et françoise ;* le troisième, *les Épreuves par le duel et par les élémens, communément appelées les jugemens de Dieu;* le quatrième, *les Jeux scéniques des Romains, et ceux qui ont précédé en France la naissance du poëme dramatique;* le cinquième, *les Druides;* et le sixième, *l'Art de partager l'action théâtrale, et celui de noter la déclamation, qu'on prétend avoir été en usage chez les Romains.* Le mérite de chacun de ces *Mémoires* a été apprécié en détail par le secrétaire perpétuel de l'académie des inscriptions et belles-lettres dans son *Éloge de Duclos,* et par M. Beauzée, dans son discours de réception à l'académie françoise. Nous croyons qu'on peut appliquer à tous, le jugement que ce dernier a porté sur l'un d'eux : « L'érudition y est tempérée par l'esprit, et l'esprit » assujéti par l'érudition ». On a lieu d'être étonné que le même homme qui retraçoit plusieurs époques intéressantes de l'histoire moderne, peignoit les vices et les travers de la société dans des ouvrages d'une forme grave ou légère, et analysoit les principes fondamentaux de l'art de parler et d'écrire, ait encore eu le temps, le goût et l'aptitude de fouiller les antiquités grecques, romaines, celtiques et gauloises; et que déjà moraliste, historien, romancier et grammairien distingué, il soit parvenu aussi à se marquer une place honorable parmi les érudits. Cela prouve une souplesse de talent et une facilité de travail peu communes.

Le zélé et infatigable secrétaire de l'académie françoise, voyant que l'histoire de cette compagnie, commencée par Pélisson, et conduite par d'Olivet jusqu'au commencement du dix-huitième siècle, étoit restée interrompue, crut de son devoir de la continuer. Il entreprit ce travail; il retraça les principaux faits qui avoient eu lieu depuis 1700, jusqu'à l'époque où il écrivoit, et il alloit composer les éloges de tous les académiciens morts dans l'intervalle, lorsque lui-même mourut. L'éloge de Fontenelle est le seul qu'il ait laissé. « M. de Fontenelle, dit d'Alembert, après avoir si bien » loué les autres, méritoit de trouver dans M. Duclos un » panégyriste éloquent ». Quant au récit qui précède l'éloge de cet académicien, il est *semé,* dit encore d'Alembert, *de traits philosophiques et piquans, tels que Duclos savoit les répandre sur tout ce qu'il écrivoit* (*).

Duclos, en littérature, appartenoit à l'école de Fontenelle

(*) Préface de l'*Histoire des membres de l'académie françoise,* par d'Alembert.

et de La Motte. Il n'affectoit pas la même irrévérence qu'eux pour les grands génies de l'antiquité; mais il faisoit, comme eux, très-peu de cas de la poésie, et peut-être enchérissoit-il sur leur dédain. *Cela est beau comme de la prose,* étoit la plus grande louange qu'il pût donner aux vers les plus beaux. Sa conduite, du moins, fut d'accord avec sa doctrine : il ne fit point, comme Fontenelle, et surtout La Motte, des volumes de vers. Il composa seulement, et dans l'unique dessein d'avoir ses entrées à l'opéra, un opéra-ballet intitulé: *les Caractères de la Folie,* qui fut joué avec succès en 1743, et repris en 1762, avec un acte nouveau, substitué à l'un des anciens par M. de Nivernois, son ami.

Tels sont les ouvrages de Duclos, jusqu'ici connus du public, et imprimés séparément. Il nous reste quelques mots à dire de plusieurs écrits nouvellement découverts, qui forment en entier le dixième volume de notre collection, la seule qu'on ait encore faite des œuvres de cet ingénieux écrivain. Comme ces différens morceaux voient le jour pour la première fois, nous ne pouvons alléguer en leur faveur le suffrage d'aucun littérateur accrédité, et, de toute manière, la bienséance nous défend d'y suppléer par le nôtre. Nous nous bornerons donc à une simple énumération.

Le premier de ces écrits est le fragment des *Mémoires sur la vie de Duclos,* écrits par lui-même : ce fragment dont nous avons suffisamment parlé au commencement de cette notice, est d'environ cent pages.

Il est suivi d'un morceau assez étendu, qui a pour titre : *Considérations critiques et historiques sur le goût.* Il peut être utile et agréable de le comparer avec les dissertations que Montesquieu, Voltaire et d'Alembert ont faites sur le même sujet (*), et dont Duclos parle ainsi en terminant la sienne. « Trois de mes confrères, dont le nom » seul fait une recommandation pour leurs ouvrages, ont » traité cette matière chacun dans le caractère qui lui est

(*) Voyez l'*Encyclopédie,* article *Goût* (*grammaire, littérature et philosophie*). On connoît encore sur le *goût* un *Essai* de Marmontel, des *Réflexions* de madame de Lambert, un chapitre de *l'Introduction à la Connoissance de l'Esprit humain,* de Vauvenargues, et enfin l'*Essai historique et philosophique* de Cartaud de la Vilate.

» propre. Quels que soient leurs principes sur le goût, ils
» en ont du moins fourni des modèles ».

Aux *Considérations sur le Goût* succède un récit de la
révolution qui a placé Catherine II sur le trône de Russie.
Nous ne dissimulerons pas que cet ouvrage perd beaucoup
de son intérêt à paroître après celui de Rulhière, auquel il
est peut-être antérieur pour la composition ; mais, comme
ils renferment tous deux exactement les mêmes faits, les
mêmes particularités, ils serviront à se confirmer l'un l'autre. Au reste, ils diffèrent par la dimension et par la manière. Celui de Duclos n'est que de douze pages, et il est écrit du
style des *Mémoires secrets*. C'est promettre au moins une
lecture piquante. Immédiatement après la narration de Duclos, se trouve une longue lettre où l'impératrice elle-même
raconte l'événement à un correspondant dont on ignore le
nom et la qualité. Ce n'est certainement point dans une
semblable pièce qu'il faut aller chercher la vérité sur cette
singulière catastrophe ; mais il est curieux de voir jusqu'à
quel point Catherine daigne mentir pour en colorer les circonstances un peu atroces.

La seconde moitié du volume est remplie par des
morceaux et des matériaux historiques, des anecdotes,
des particularités, des détails d'étiquette et de généalogie,
des extraits de dépêches, des bons mots et des réflexions
morales, plus ou moins développées, qui devoient peut-
être entrer dans une nouvelle édition des *Considérations sur les Mœurs*, ou dans quelqu'autre ouvrage de
ce genre. Nous ne sommes pas dans la même incertitude
relativement aux *morceaux* et aux *matériaux* historiques.
Ceux-ci devoient incontestablement servir à la continuation
des *Mémoires Secrets*, et ceux-là en faisoient très-certaine-
ment partie ; ils en ont été retranchés par Duclos pour des
motifs que nous ne devinons pas : nous en avons une preuve
sans réplique. En tête de l'exemplaire de M. de Vauxcelles,
dont nous avons déjà parlé, on lit ces mots : « Je cherche en
» vain ici certains endroits que Duclos m'avoit lus, tels que
» celui des domestiques de Louis XIV. Il remontoit jus-
» qu'à ceux de Henri IV, et donnoit la date de Beringhem,
» comme celle de Bontemps et de Quentin ». Cet endroit
même, tel qu'il est ici désigné, se trouve parmi les frag-
mens historiques de notre tome dixième, et quoique très-

piquant, il n'est pas encore un des plus intéressans du recueil. Plusieurs morceaux de différente nature terminent ce volume. On remarquera dans le nombre une suite de lettres que Duclos écrivoit d'Italie à M. Abeille avec toute la confiance de l'amitié, et qui servent de complément à son *Voyage.*

Nous terminerons ici ce que nous avions à dire sur la personne et sur les ouvrages d'un homme qui passa pour le plus bel esprit de France, avant que le mérite supérieur de Voltaire eût triomphé des fureurs de l'envie; et qui, voyant sa réputation pâlir, mais non point s'effacer, reconnut de bonne grâce son vainqueur, et *échappa,* comme dit ingénieusement M. de La Harpe, *à la foiblesse trop commune de passer dans le parti de l'envie quand on voit la gloire s'éloigner.* Duclos, en descendant, évita d'être renversé; il vécut heureux, il mourut considéré, et sa place paroît désormais fixée invariablement parmi les écrivains les plus spirituels et les plus utiles de notre nation.

L. S. AUGER.